ウー・ウェンさんちの

汁ものとおかず

はじめに

家庭料理は、健康を守り、家族の安らぎを作るためのもの。
それを〝愛〟と言ったら、ちょっと大げさかもしれませんが、
自分と家族の体を労ろうという気概とでも言ったらいいでしょうか。
仕事で疲れた体や、外食で疲れた胃袋を
食べものでやさしく労ってあげること。それが家庭料理の役目です。
家庭にとって大切なのが居心地のよさなら、
家庭料理は食べ心地のよさが何より大事。
誰かに見せるためのものではないですから、
豪華にする必要はありません。
春夏秋冬、季節の素材をシンプルに。
素材が生きる最小限の味つけでいただくこと。
それが、中国に古くからある「医食同源」の考えにおのずとつながっていきます。

子どもたちふたりも社会人になり、わたし自身の年齢や体の変化もあって、
日々の食事はよりシンプルになりました。
献立は大体、主食のごはんに汁もの、
そして野菜とタンパク質を組み合わせたシンプルなおかずが一品あれば十分。
日によって汁ものだけのときもあれば、汁ものとごはんだけのときもあり、
そのときどきの自分の体と相談しながらではありますが、
軸となるのはやはり汁ものです。
汁ものがいちばん体に負担がなく、体にやさしい食べものですから。

汁ものを嫌いな人はいませんよね。
温かい汁ものを飲むと、お腹が温まり、ホッとして体も心もゆるみます。
たっぷり作っておいておけば、
遅く帰ってきた家族が食べることもできます。
誰も食べなければ、翌朝またわたしが食べてもいい。
そのときは、薬味や素材、味を加えたり、お湯を足して薄めたり。
アレンジしやすいのも汁もののいいところです。汁ものは懐が深く、自由。

日本は水の国ですから、昆布や鰹節、いりこなど、
その旨みをいったん水に抽出し、
そのだしが汁ものをはじめとした料理のベースになります。
でも、わたしの汁ものやおかずはだしいらず。
基本的にはタンパク質と野菜、２つの素材を組み合わせ、
素材から出る旨みをだしの代わりにします。
今は素材の味がどんどんおいしくなっていますから、
よい素材を選んで素材の力を信頼し、あれこれ手を加えるのではなく
できるだけ何もしないこと。そうすれば作るのも気もラクでしょう？
とはいえ手抜きをするのでも、時短でもなく、
プロセスはゆっくり丁寧に。あとは時間がおいしくしてくれます。

まずはレシピ通りに作ってみてください。基本がわかれば、
あとはレシピにとらわれず、ご自分の好きに味を足したり、
素材を替えたり。自由に楽しんでください。

目次

春の汁ものおかず

夏の汁ものおかず

〔本書の使い方〕

レシピ欄の分量は、2人分を基本としています。

まず、初回は本書のレシピ通りに作って「レシピの味」を確かめてください。

食べる人の体の状態はもちろん、素材の水分量や状態も日々違うものです。

なので、レシピに絶対はありません。「おいしくなるためのポイント」や基本の考え方がわかったら、
ご自分の好みで味を足したり、アレンジを楽しんでください。

秋の汁ものおかず

冬の汁ものおかず

〔料理を始める前に〕

- １カップは200mℓ、大さじ１は15mℓ、小さじ１は5mℓです。
- 本書内のレシピの材料欄には「油」と「ごま油」が出てきます。「油」は基本的に太白ごま油を使用。「ごま油」は太香ごま油を指します。
  太白ごま油はごまを煎らずに生のまま搾ったもので、無色・無臭で旨みたっぷりなのが特徴です。

  手に入らない場合は、サラダ油を使ってください。その他、「塩」は粗塩を、

  「こしょう」及び「こしょう（粗びき）」は、黒こしょうを挽いたものを使用しています（調味料は、p.26を参照してください）。
- 多くの料理に使用しているのはテフロン加工のフライパンや鍋です（調理道具は、p.84を参照してください）。

春の汁ものおかず

春

春は特別な季節です。
一年のスタート、一年の朝。

冬の間に体に溜まった老廃物を排出しなくてはなりません。
日本では「春は苦み」と言い、
苦みやえぐみのある山菜や芽吹きのものを食べて
デトックスをしますが、
中国では、春は解毒の臓器である肝臓の機能を高めるために、
緑色の食べものを積極的に摂るといいと言われています。

これは、中国に古くから伝わる「五行思想」に由来するもので、
健康に暮らすための知恵として、
日常生活の中で自然に親から子へと伝えられてきました。
万物は、「木・火・土・金・水」の5つの元素から成り立っていて、
それらが季節や色、臓器の働きと結びつき、
体のどこを意識して、何を食べればいいのかを教えてくれるのです。
「五行」に対応する季節は、「春・夏・長夏(土用)・秋・冬」、
色は、「青(緑)・赤・黄・白・黒」、

臓器は「肝（臓）・心（臓）・脾（臓）・肺・腎（臓）」。
つまり春は肝（臓）で、まさに解毒の臓器。
春に緑色のものを食べて肝（臓）を労り、
次の季節を健康に過ごすことができるというわけです。

たけのことアサリのスープにそら豆の春巻、
グリーンピースと桜エビのスープにアスパラガスと牛肉のオイスターソース炒め、
せん切りキャベツと豚肉のスープに菜の花とじゃこの和えもの、
新玉ねぎのスープにクレソンと鶏ひき肉そぼろ。

春野菜は生のままでも食べられるほど
瑞々しく柔らかいのが特徴。
そして、春は新物の季節でもあります。
新玉ねぎや新にんじん、新じゃがなど「新」とつくのは春のものだけ。
生命力あふれるエネルギーを食べて体に取り入れましょう。

また、この時期だけにとれるグリーンピースやそら豆など
新鮮な豆の香りや食感は格別なものがあります。
フレッシュなおいしさを最大限に味わいたいので
春野菜の加熱や調味は最低限に。

汁もの

たけのことアサリのスープ

おかず

そら豆の春巻

汁もの

「だし」になる食材
↓
アサリ

たけのことアサリのスープ

たけのこの爽やかなえぐみは
デトックス効果のある証。
旬のアサリと一緒にさっと煮て。
アサリから出るだしには
調味料とは比べものにならないほどの
旨みがあるので、余計な味つけはいりません。

材料（2人分）

たけのこ（下茹でしたもの）	200g
*アサリ	300g
酒	大さじ3
水	3カップ
塩	小さじ⅓
こしょう	少々
油	大さじ1

作り方

1 たけのこは薄切りにする。
2 アサリはこすり洗いをし、塩水（水1カップに対して塩小さじ1・分量外）につけて砂抜きをする。
3 鍋によく洗って水けをきった2と油を入れて中火にかける。熱くなったら酒をふり、蓋をして強火で1分蒸し煮にする。
4 水と1を加え、ひと煮立ちしたら弱火にし、蓋をして5分煮る。塩、こしょうで味を調える。

おいしくなるポイント

a_油は旨み調味料。先に油とアサリに火を通して酒を加え、強火で1分蒸し煮にしてから水を加える。
b_たけのこのアクもおいしさのうち。取らなくてOK。アサリは煮すぎると硬くなるので軽く煮る程度に。アサリによって塩分が違うので、味見をして塩を加減して。

おかず

そら豆の春巻

そら豆を生のまま皮で包んで揚げるだけ。
春巻は天ぷらと同じく衣の中で蒸される「蒸し」料理。
ほくほくとした食感とやさしい甘さが
口の中いっぱいに広がります。
揚げ油は1カップで十分なので、
できるだけ良質な油を。

材料（作りやすい分量）

そら豆……300g（40粒）
塩……小さじ¼
こしょう……少々
春巻の皮……4枚
A
　小麦粉……大さじ1
　水……大さじ⅔
揚げ油……1カップ

作り方

1 そら豆はさやから取り出し、包丁で浅く切り目を入れて薄皮をむき、塩とこしょうで調味する。
2 春巻の皮で1をしっかり包む。
3 巻き終わりにAを合わせた小麦粉糊をつけて閉じる。
4 180℃に熱した揚げ油で3を揚げる。

おいしくなるポイント

具が透けて見えるほど薄い皮を選び、揚げるときは極力触らないこと。周辺が色づいてきたら裏返し、完全に火が入る一歩手前で油から引き上げる。余熱で蒸らすことで、瑞々しく香り高くなる。

汁もの

グリーンピースと桜エビのスープ

おかず

アスパラガスと牛肉のオイスターソース炒め

汁もの

「だし」になる食材
↓ 桜エビ

グリーンピースと桜エビのスープ

翡翠色のグリーンピースに
鮮やかに色を添える桜エビがだし代わり。
グリーンピースがちょっと苦手という人は、
さやから出したてのフレッシュな豆で
ぜひ一度試してみてください。
グリーンピースの印象がきっと変わるはず。

材料（2人分）

グリーンピース（正味）……100g
＊桜エビ……3g
水……3カップ
酒……大さじ2
葛粉……大さじ1
塩……小さじ⅓
こしょう……少々
ごま油……小さじ1

作り方

1 鍋に桜エビ、水、酒を入れて中火にかける。煮立ったら弱火にし、蓋をして5分煮る。
2 葛粉を水大さじ2（分量外）で溶いておく。
3 グリーンピースを1に加え、ひと煮立ちしてから1分煮て、塩で味を調える。
4 2を加えてとろみをつけ、仕上げにこしょう、ごま油で香りづけをする。

おいしくなるポイント

桜エビは乾物の一種なので、5分煮るといいだしが取れる。グリーンピースが浮いてきたら火が通ったサイン。片栗粉ではなく葛粉でとろみをつけると、風味もよく、胃腸にもやさしい。

おかず

菜の花とじゃこの和えもの

汁もの

「だし」になる食材
↓ 豚薄切り肉・キャベツ

せん切りキャベツと豚肉のスープ

春キャベツなら、1〜2分強火で蒸すだけ。豚肉を煮ている間にキャベツを切れば、10分ででき上がります。

蒸すって、食材にも体にもいちばんやさしい調理法。キャベツが驚くほどふんわりしっとり。豚肉も柔らかで、スープも濁らずきれい。

材料（作りやすい分量）

＊豚薄切り肉（肩ロースまたはロース）	200g
＊キャベツ（せん切り）	300g
黒粒こしょう	20粒
水	2½カップ
酒	½カップ
塩	小さじ½

作り方

1 黒粒こしょうは包丁の背などで粗くつぶす。
2 蓋つきの鍋に分量の水、酒、1を入れて中火にかけ、煮立ったら豚肉を入れ、アクを取り除いて7〜8分煮る。
3 2にキャベツを加えて蓋をし、強火で1分蒸し煮にして塩で調味する。

おいしくなるポイント

a_薄切りの豚肉をじっくり煮てだしを引き出す。酒で肉のくさみを取り、粒の黒こしょうで香りと辛みを際立たせてアクセントに。

b_キャベツはせん切りにしたほうがスープに旨みが溶け出しやすい。鍋にどっさり加えたら、すぐに蓋をして、強火で一気に蒸し煮。

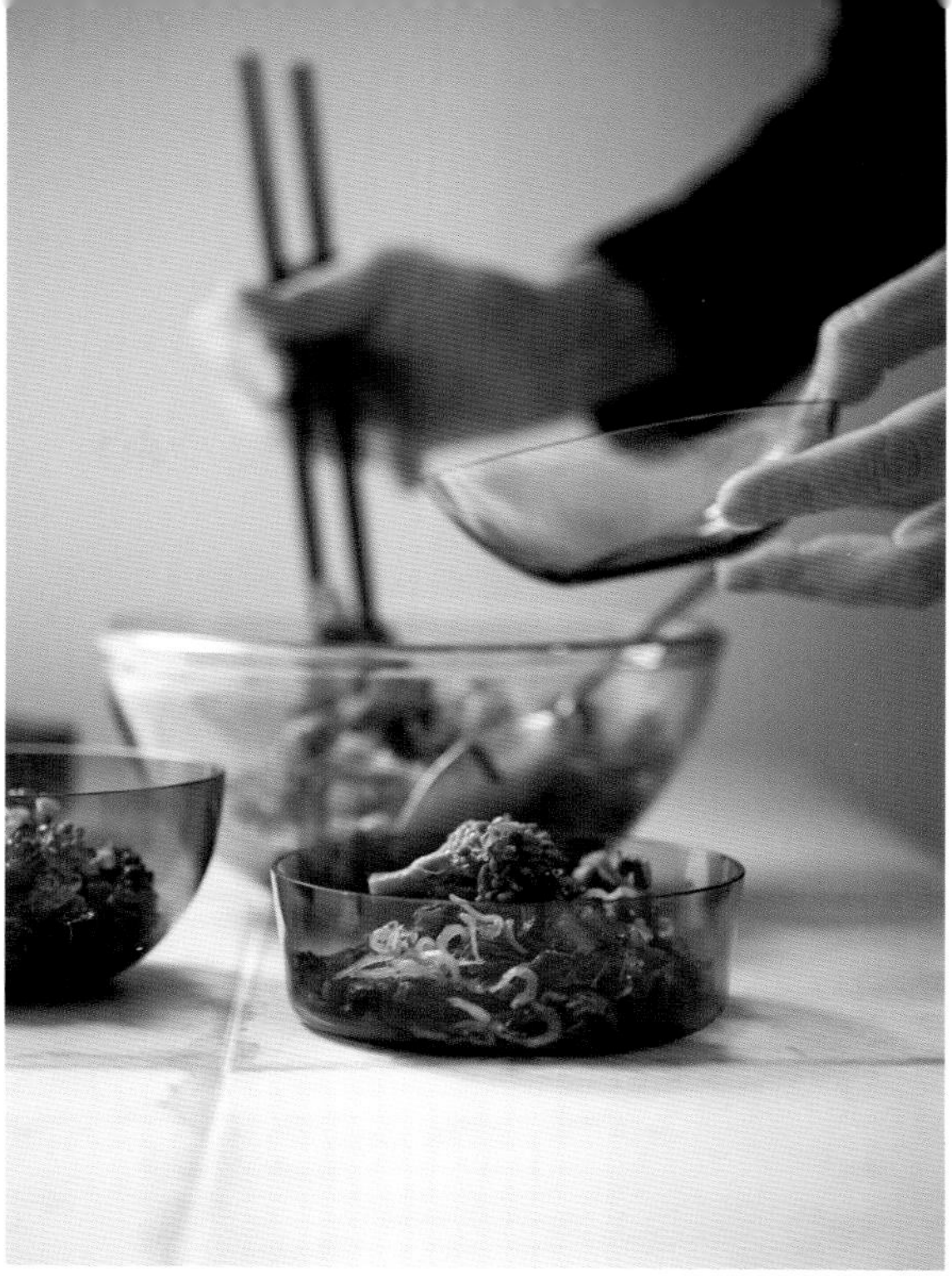

おかず

菜の花とじゃこの和えもの

黒酢で炒めたちりめんじゃこは、
わが家の唯一の常備菜。
ほどよい塩けと旨みがあるので、
さっと茹でた菜の花と和えれば余計な調味いらず。
味がしっかりまとまり、
カルシウムも補ってくれます。

材料（作りやすい分量）

菜の花……1束
A
ちりめんじゃこ……50g
酒……大さじ1
黒酢……大さじ1
こしょう……少々
油……大さじ1
塩……2つまみ

作り方

1 菜の花はさっと茹で、水にさらして水けをしぼり、2cm長さに切る。
2 Aでじゃこの黒酢炒めを作る。フライパンにちりめんじゃこと油を入れて火にかけ、カリッとしたら酒、黒酢、こしょうを加えて水けがなくなるまで炒める。
3 ボウルに1を入れて塩で味つけをし、2を加えて和える。

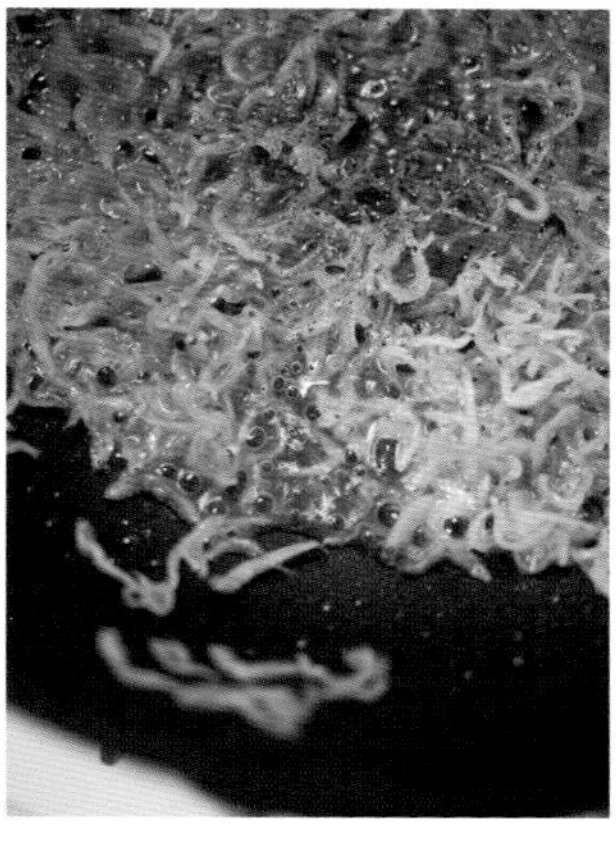

おいしくなるポイント

じゃこを黒酢で炒めると、柔らかくなって食べやすくなる。じゃこの生臭さと酢の酸味が飛び、塩けと旨み、甘みとコクだけが残る。

汁もの

新玉ねぎのスープ

おかず

クレソンと鶏ひき肉そぼろ

汁もの

「だし」になる食材
↓
新玉ねぎ

新玉ねぎのスープ

新玉ねぎを丸のまま、
ほんの少しの塩と黒粒こしょうを加えた水で
じっくり煮るだけ。
新玉ねぎからいいだしが出るので、
最後に塩で味を調え、
ごま油で風味づけを。

材料（2人分）

- ＊新玉ねぎ……2個
- 黒粒こしょう……10粒
- 水……2カップ
- 塩……小さじ⅓
- ごま油……小さじ1

作り方

1 新玉ねぎは皮をむいて鍋に入れ、黒粒こしょう、水を加えて中火にかける。
2 煮立ったら弱火にし、蓋をして30分蒸し煮にする。塩、ごま油で味を調える。

おかず

クレソンと鶏ひき肉そぼろ

鶏ひき肉にしっかり味をつけてから、
刻んだクレソンを加えてさっと和える。
甘辛味の鶏ひき肉そぼろに、
クレソンの苦みとシャキッとした
茎の食感がアクセント。
白いごはんが進みます。

材料（2人分）

- 鶏ひき肉（もも）……150g
- クレソン……1束
- A
  - 酒……大さじ1
  - はちみつ……小さじ1
  - しょうゆ……大さじ⅔
  - 塩……ひとつまみ
- 油……小さじ1

作り方

1 鶏ひき肉は常温に戻し、クレソンは5mm長さに切る。
2 フライパンに油と1の鶏ひき肉を入れ、よくほぐしてから中火にかけて炒める。鶏ひき肉の色が変わったら、Aを上から順に加えてしっかり味をつける。
3 1のクレソンを加えてさっと炒め合わせ、すぐに火を止める。

おいしくなるポイント

新玉ねぎの爽やかな甘みに黒粒こしょうのシャープな辛みと香りがアクセントに。

Column｜わが家の調味料とその役割

日本酒

毎日使う基本の調味料は、コンロ周りに出しっ放しにしてスタンバイ。日本酒が一升瓶のままなのは、水の代わりに使うから。煮もののときは呼び水に、炒めものでは一気に温度を上げるため。

普段の料理は、酒、油、塩、酢、しょうゆがあれば十分。日本酒は水代わりに使うので、一升瓶のままキッチンに置いておきます。銘柄は特に決めていません。

油は、日本料理におけるだしのような存在で、素材の味を引き立ててくれるもの。ごま油のほか、ピーナッツ油やコーン油、大豆油やヒマワリ油など、さまざまな油を料理に合わせて使い分けますが、私が日本で基本の油として使っているのは太白ごま油です。さらっとしていて色も香りもなく、爽やかな旨みがある。まさに天然の旨み調味料です。色も香りも濃いごま油は料理の仕上げの香りづけに。油が変われば料理の味が変わる。油を上手に使いこなせば、旨みの世界が広がります。

油と同じくらい大切なのが塩。塩は調味料である以前に、人間の体に欠かせない成分です。ミネラルを摂るには塩からがいちばん。産地によって含まれるミネラルのバランスが違うので、旅先では必ず塩を買い求めます。特にどこの塩とは決めていませんが、ミネラルを多く含んだ天然塩を数種類いつも同時に使っています。今朝は沖縄の塩を使ったので、夜は瀬戸内の塩を、とさまざまな土地のミネラルをバラン

酢

国産の「純玄米黒酢」や「醍醐山黒酢」は軽やかでオールマイティ。長期熟成させた中国産の「鎮江香醋」や「山西老陳酢」は濃厚でバルサミコ酢のよう。餃子のたれや和え麺に。

ごま油

ごまを生のまま搾った「太白胡麻油」は万能オイルとしてすべての調理に。焙煎したごまを搾った「太香胡麻油」は、一般的なごま油より穏やかで上品な香り。料理の風味づけに。

しょうゆ

旨みとコク、風味が豊かで色、香り、味のバランスがいい「キッコーマン特選丸大豆しょうゆ」はどんな料理にも。とろみがあって色も濃厚な「海の精 たまり醤油」は煮物に。

塩

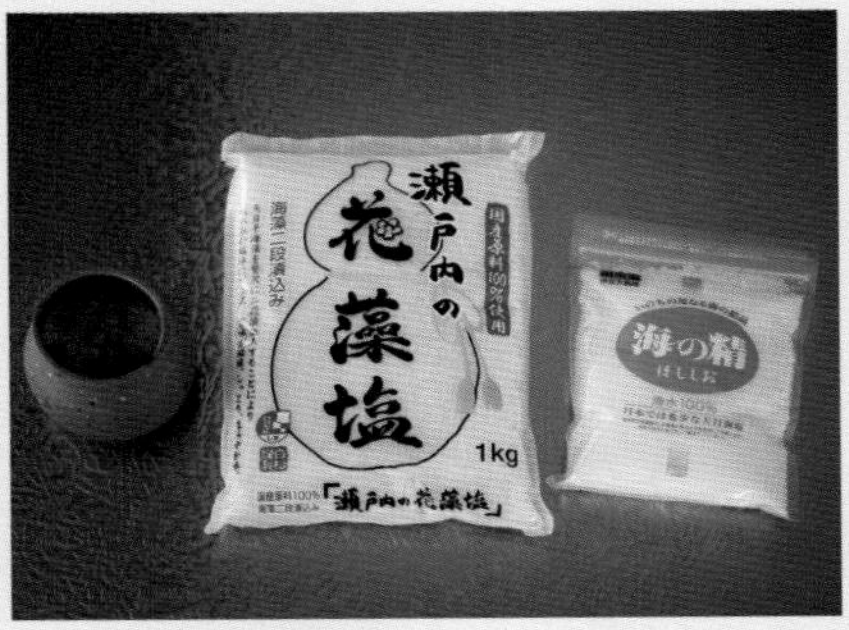

伊豆大島近海の海水100%を加熱せず、天日で結晶させたザラメ状の粗塩「海の精 ほししお」。海水だけでなく海藻の旨みも加わったしっとりした粗塩「瀬戸内の花藻塩」。

スよく摂るのが私の塩の使い方。

　塩の役割は2通りで、ひとつは最初に塩をして余分な水分を出し、素材の味を凝縮させるため。そしてもうひとつは最後に塩をふって味を決めるため。この2つは同じ塩でかまいませんが、最後に味を決めるための塩は、結晶の大きな粗塩をおすすめします。舌に直接塩の塊が当たって、少ない塩でもしっかり塩味を感じるので、減塩も可能です。

　油と塩分の摂りすぎは体によくありませんが、旨みの多い酢は、減塩効果も期待できるので、むしろ積極的に摂りたい調味料です。中国で酢といえば黒酢のことで、酢を使う料理の大半は、黒酢が用いられています。酢豚のように酸味をはっきりと表に出す使い方だけでなく、肉を柔らかくしたり、油を中和してさっぱりさせるなど、裏方的な働きをしてくれるのが酢の素晴らしいところ。

　最後にしょうゆ。中国でもタレや煮物にしょうゆは欠かせません。旨みの強い濃口しょうゆと塩分が少なく旨みの強いたまりじょうゆが基本です。今回はたまりじょうゆを使っていませんが、これで煮物を作ると味がふくよかになりますから、ぜひお試しを。

夏の汁ものおかず

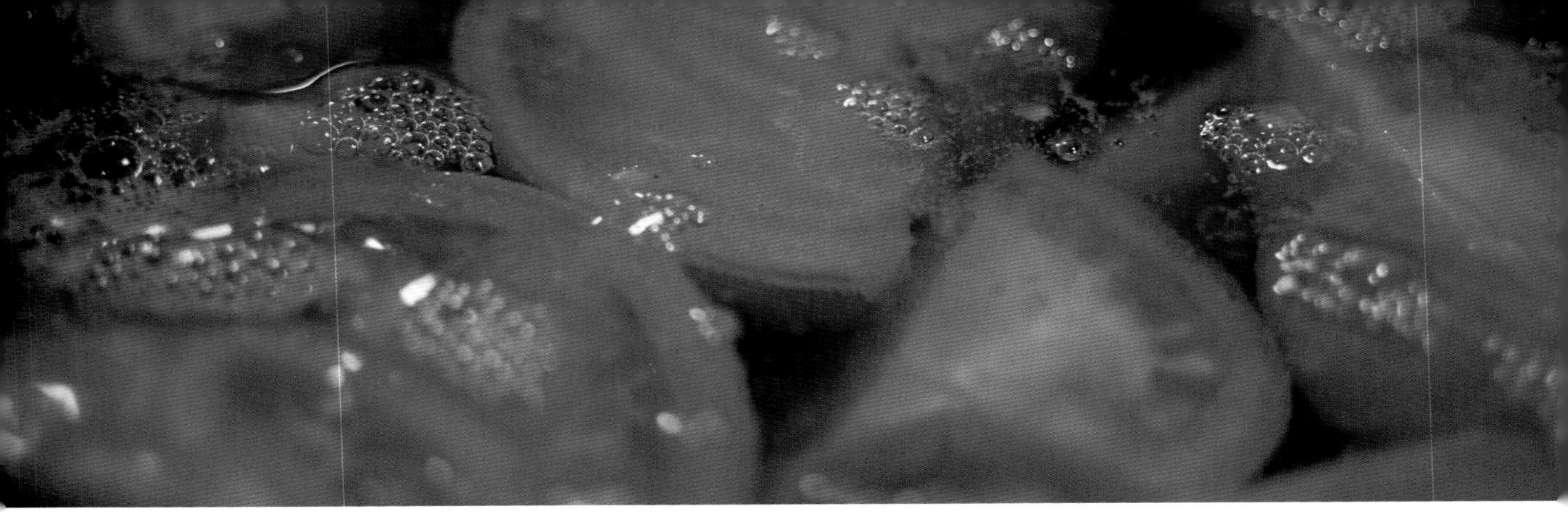

夏

中国の暑さは日本以上に過酷ですが、
中国では、実はそんなに水を飲みません。
トマトやきゅうり、レタス、冬瓜など
水分をたっぷり含んだ夏野菜をたくさん食べて
水分補給をしているのです。
そのほうが水分がゆっくり体に吸収され、
頻繁にお手洗いに行くこともなく、脱水症状になることもありません。
理にかなった賢い水分の取り方です。
加熱したほうが体にやさしいので、汁ものはまさにうってつけ。

五行論によると、夏の臓器は心(臓)。色は赤。
暑い夏は心(臓)に負担がかかるので、心(臓)の機能を高める
赤いものを積極的に食べましょうと言われています。
トマトはまさにその代表格です。

みょうがや大葉、香菜、パセリなどの香味野菜も
気を整えてくれる作用があるので、
夏に積極的に取り入れたい食材です。

おかず

レタス炒め

スープが濁ってきたら、トマトからだしが出たサイン。すりおろした長芋を加えてとろみをつける。ここで初めて大きくひと混ぜする。

汁もの

「だし」になる食材
↓トマト

トマトのスープ

グルタミン酸が豊富なトマトは昆布だしのような濃厚な旨みがあります。完熟したトマトをざっくりと大きめに切り、お湯の対流に任せてやさしく煮れば香りと味がじんわり染み出てきます。みょうがをたっぷりトッピングして。

材料（2人分）

*トマト（中）	3個
長芋	50g
卵	1個
みょうが（薄切り）	2個
水	2½カップ
塩	小さじ⅓
こしょう	少々
ごま油	大さじ½

作り方

1 トマトは大きめの乱切りにし、長芋はすりおろす。鍋に水とトマトを入れて中火にかけ、煮立ったら弱火にして5分煮る。
2 塩で味を調え、長芋を加えてとろみをつけて、溶き卵を流し入れたら強火にする。
3 仕上げにこしょうを加え、ごま油で香りづけをし、みょうがを散らす。

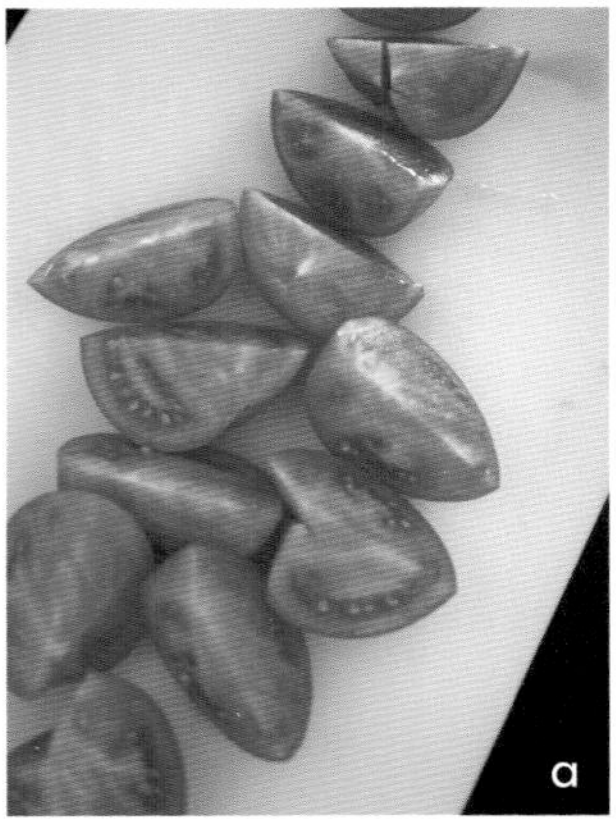

a

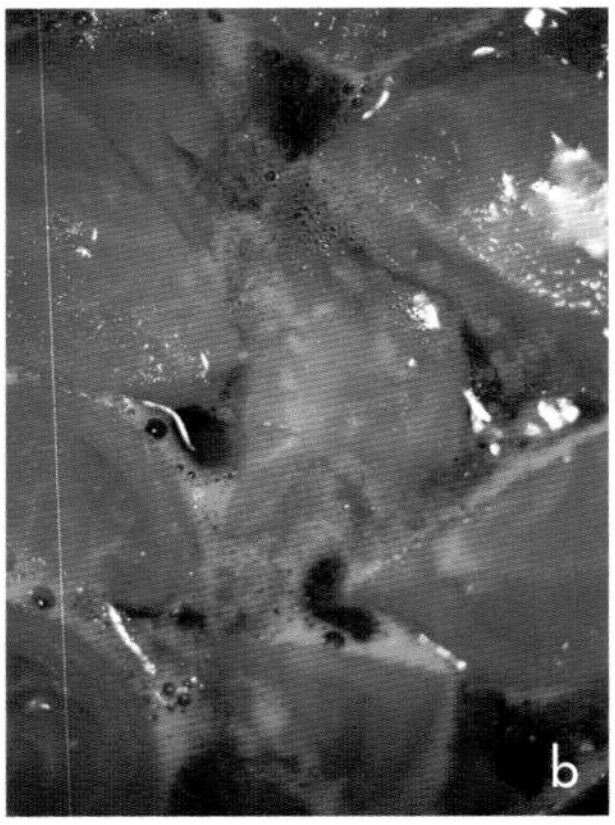

b

おいしくなるポイント

a_完熟したトマトを縦半分に切り、さらに斜め半分に切ると断面が大きくなり、だしが出やすい。
b_煮立ったら弱火にし、静かに煮る。このとき、絶対にかき混ぜないこと。トマトにストレスがかからず、やさしい味になる。

おかず

レタス炒め

しっとり柔らかな食感と甘い香りに
レタスの新しいおいしさを発見。
丸ごと一個ペロリと食べられます。
そのままでももちろん、
マスタードをぬったパンにはさんで
サンドイッチにするのもおすすめです。

材料（2人分）

レタス	1個
酒	大さじ2
塩	小さじ$\frac{1}{4}$
こしょう（粗びき）	少々
油	大さじ1

作り方

1 レタスは6等分のくし形切りにする。

2 フライパンに油と1を入れて中火にかける。酒をふって蓋をし、2分蒸し煮にする。

3 塩、こしょうで味を調える。

おいしくなるポイント

レタスの芯は栄養分が豊富で甘みがあるので、芯を生かして6等分のくし形切りに。バラバラにならず、盛りつけもしやすく食べやすい。

汁もの

とうもろこしのスープ

おかず

棒々鶏

汁もの

「だし」になる食材
↓ とうもろこし

とうもろこしのスープ

粒々とうもろこしとふわふわ卵の組み合わせは
中華スープの定番です。
なめらかなコーンポタージュもいいですが、
フレッシュなとうもろこしの弾ける食感は格別。
黄色のグラデーションが美しく、
どこか懐かしい味わいにホッとします。

材料（2人分）

- ＊とうもろこし……1本
- 卵……2個
- 水……2カップ
- 塩……小さじ1/3
- こしょう……少々
- ごま油……大さじ1/2

作り方

1 とうもろこしは半分に切り、実を包丁で削ぐ。

2 鍋に1のとうもろこしと水を入れて火にかけ、煮立ったら蓋をして弱火で8分蒸し煮にする。

3 塩で味を調え、溶き卵を流し入れ、こしょう、ごま油で香りをつける。

おいしくなるポイント

とうもろこしを半分に切って断面を下にして置き、包丁でざくざく実を削ぎ落とす。手間なく簡単に粒状になり、口当たりもやさしい。

おかず

パプリカのマリネ

汁もの

「だし」になる食材
→ スペアリブ

スペアリブとオクラのスープ

時間がおいしくしてくれる骨付き肉のスープ。
スペアリブは下茹でしてから煮込めば、
途中でアクを取る必要がありません。
しょうがの爽やかな香りと辛みに体もシャキッ。
これを飲んだあとは、きっと元気が出るはずです。

材料（2人分）

- ＊スペアリブ……300g
- オクラ……8〜12本
- A
  - 酒……½カップ
  - 水……1½カップ
  - 花椒……10粒
- 塩……小さじ⅓
- しょうが（すりおろし）……大さじ½

作り方

1 スペアリブはさっと茹でて水けをきる。オクラは小口に切る。

2 鍋に1のスペアリブとAを入れて火にかける。煮立ったら弱火にし、蓋をして30分蒸し煮にする。

3 1のオクラを2に加えてさっと煮立て、塩で味を調え、しょうがを加えて火を止める。

おかず

パプリカのマリネ

いつもとは違った切り方をするだけで
パプリカの味も食感も印象もガラリと変わります。
シャキシャキとした歯ごたえと
さっぱりとした酸味で暑さも吹き飛びます。
ひと晩おくと味が深く染みて
いっそうおいしくなるので、たっぷり作り置いて。

材料（作りやすい分量）

- パプリカ（赤・黄）……各1個
- みょうが……3個
- A
  - 酢……1カップ
  - はちみつ……大さじ6
  - 塩……小さじ1
  - 花椒……20粒
- ごま油……大さじ1

作り方

1 小鍋にAの材料をすべて入れて火にかけ、煮立ったら火を止めて粗熱を取り、ごま油を加える。

2 パプリカは種とワタを取り除き、食べやすい大きさに切る（赤パプリカは輪切り、黄パプリカは縦4等分）。みょうがは縦半分に切る。

3 2を1に入れてひと晩漬ける。

おいしくなるポイント

味つけは塩だけなので、煮込むときに花椒を加えて清涼感をプラス。仕上げに小口切りにしたオクラを加えてとろみをつける。

汁もの

冬瓜と油揚げのスープ

おかず

豚しゃぶ

汁もの

冬瓜と油揚げのスープ

「だし」になる食材
↓油揚げ、油

冬瓜の皮は薄くむいて、透明感のある翡翠色に。
油揚げはふっくらとして分厚いもののほうがいいだしの素になります。
仕上げにせん切りの大葉をたっぷりと。
香味野菜は生薬なので、添えるのではなく、野菜としていただきます。

材料（2人分）

冬瓜……300g（正味）
＊油揚げ……1枚
大葉（せん切り）……10枚
酒……大さじ2
水……1½カップ
塩……小さじ⅓
花椒粉……小さじ¼
＊油……小さじ1

作り方

1 冬瓜は薄く皮をむき、スプーンなどで種とワタを取り除いてひと口大に切る。油揚げは8等分に切る。
2 鍋に油と1の油揚げを入れて中火にかけ、香りが立ったら1の冬瓜も加えて炒め合わせる。
3 2に酒、水を加え、煮立ったら蓋をして弱火で12分煮る。
4 塩で味を調え、花椒粉をふり、大葉をたっぷりのせる。

おかず

豚しゃぶ

ビタミンB群が豊富な豚肉は、
夏の疲労回復に欠かせない食材です。
さっと茹でたら、ざるに上げて水けをきるだけ。
脂が固まらないよう、氷水にはとらないこと。
ドレッシングの酢はお好みですが、
甘い香りと爽やかな酸味のりんご酢がおすすめです。

材料（2～3人分）

豚肉（しゃぶしゃぶ用）……200g
トマト（小）……1個
A
酢……大さじ2
しょうが（すりおろし）……大さじ1½
しょうゆ……大さじ½
ごま……大さじ½
はちみつ……小さじ1

作り方

1 豚肉は茹でて水けをきる。トマトは横に薄くスライスする。
2 ボウルでAを混ぜ合わせ、1を加えて和える。

おいしくなるポイント

油揚げは冬瓜とボリューム感を合わせ、大きめに切ると食べ応えも十分。油で油揚げと冬瓜を炒めて油をなじませ、酒、水を加えて弱火でじっくり煮る。

Column｜夏の汁もの

夏粥のすすめ

中国では、一年中、そして朝昼晩問わずお粥を食べます。なぜなら、お粥は体を温め、水分と栄養を補い、体調を整えてくれるから。特に、冷房や冷たい飲みもの、食べもので冷えた夏の体にこそ、お粥がおすすめです。

中国では、お粥は「食べる」のではなく「飲む」と言います。日本のお粥に比べて水分量が多く、お米1に対して水は6倍から15倍。一般的なのは10倍ほどですが、かなりシャバシャバとした仕上がりで、まさしく飲みもの。お粥は栄養のある水分、穀物のスープです。

とはいえ、お粥は主食ですから、基本的に味つけはしません。白米だけでなく、ハトムギやきび、黒米など、穀物と名のつくものは、すべてお粥にします。近頃、穀物を敬遠する人も多いのですが、植物の種子である穀物は、養分が多く、体のバランスを整えてくれるもの。穀物の大切さを再認識していただきたいですね。体調をくずしがちな夏こそ、体にやさしいお粥で健康管理を。

基本のお粥

白米粥

材料（2人分）

米……2/3カップ

水……5カップ

作り方

1 米は洗って水けをきり、分量の水と一緒に鍋に入れて火にかけ、鍋底に米がつかないよう底から軽く混ぜる。

2 沸騰したら弱火にして蓋をし、30 ～ 40分煮る。

おいしくなるポイント

鍋は厚手で深さのあるものを使ってください。沸騰する前に底から1～2度混ぜたら、あとは触らず蓋をしてコトコト煮る。そうすることで自然な粘りが出る。

食欲不振には

しょうが粥

幼い頃、風邪気味のときに
父がよく作ってくれたしょうが粥。
清涼感のある爽やかな香りに食欲が刺激され、
ほのかな辛みが胃腸を温め、
消化吸収を助ける作用もあるとか。
体を芯から温めてくれるので、冷え対策にも。

材料（2人分）

米	2/3カップ
水	5カップ
しょうが（すりおろし）	大さじ3

［**トッピング**］

A

梅肉	大さじ1
パセリ（みじん切り）	大さじ1

黒砂糖	大さじ2

作り方

1 米は洗って水けをきり、分量の水と一緒に鍋に入れて火にかけ、鍋底に米がつかないよう底から軽く混ぜる。
2 沸騰したら弱火にして蓋をし、30～40分煮る。
3 しょうがのすりおろしを2に加えて煮立たせ、さらに5分煮る。
4 Aを混ぜ合わせる。
5 器に盛り、トッピングをのせる。

お粥をもっと楽しく

パセリの爽やかな香りと梅の酸味に食欲がそそられる。黒砂糖でしょうがの辛みと苦みがやわらぎ、よりいっそう食べやすくなる。

胃がもたれ気味のときに

プーアール茶粥

中国では、お茶で炊いたり、茶葉をすりつぶして
トッピングした茶粥も一般的。
脂っこいものを食べたあとに飲むとすっきりする
プーアール茶で炊いたお粥は、
消化を助け、腸の働きを活発にしてくれるので
胃もたれのときなどにもおすすめです。

トマトと卵炒め

どの家庭にもストックされているトマトと卵の炒めものは北京の家庭料理の定番。トマトの角がとれてきたら塩を加えるのがポイント。

作り方

1 トマトのヘタを除き、ひと口大に切る。

2 フライパンに油を入れて火にかけ、溶き卵を流し入れる。

3 卵が半熟状になったら1を加え、さっと炒め合わせて塩、こしょうで味を調える。

材料（2人分）

トマト	1個
卵	2個
塩	小さじ¼
こしょう	少々
油	大さじ1

材料（2人分）

もち米	½カップ
水	5カップ
プーアール茶（粉末）	大さじ3

作り方

1 もち米は洗って水けをきり、分量の水と一緒に鍋に入れて火にかけ、鍋底に米がつかないよう底から軽く混ぜる。

2 沸騰したら弱火にして蓋をし、30～40分煮る。

3 プーアール茶を2に加えて混ぜ、さらに10分煮る。

おいしくなるポイント

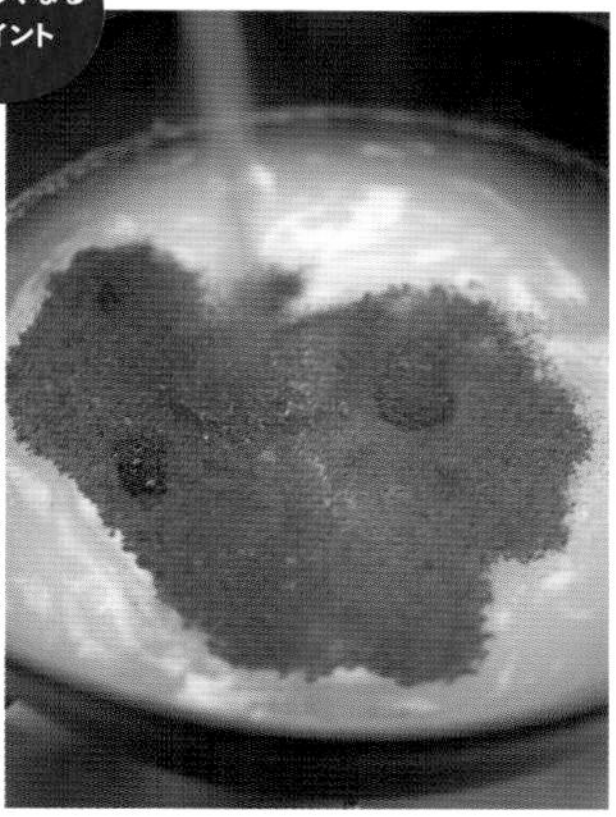

ミルサーやすり鉢などで粉末状にしたプーアール茶を加え、10分煮てお茶の風味をうつす。茶葉ごと食べられるので、プーアール茶の成分を余すことなくいただける。

お粥をもっと楽しく

茶葉ごと食べるお粥には、トッピングより簡単なおかずを合わせるのがおすすめ。タンパク質を同時に摂りたいので、トマトと卵の炒めものなどを。

消化器系のトラブルには

長芋粥

冷たいものの飲みすぎや食べすぎなどで
胃腸が弱り、下痢や消化不良を起こしたときは、
胃腸を整え、回復させてくれる
長芋をお粥にプラス。
食べると元気になる長芋は、消化力が落ちて
気力がなくなったときのパワーチャージにも。

材料（2人分）

米……½カップ
水……5カップ
長芋……150g

［**トッピング**］
A
香菜（ざく切り）……1本
ザーサイ（せん切り）……30g
ごま油……小さじ1

作り方

1 米は洗って水けをきり、分量の水と一緒に鍋に入れて火にかけ、鍋底に米がつかないよう底から軽く混ぜる。
2 沸騰したら弱火にして蓋をし、30 ～ 40分煮る。
3 長芋をすりおろし、2に加えてとろみをつける。
4 Aを混ぜ合わせる。
5 3を器に盛り、トッピングをのせる。

お粥をもっと楽しく

中国のお粥の定番トッピングを好みでのせ、サラダのように和えて。香菜の香り、ザーサイの食感、ごま油の風味。これさえあれば、お粥が何杯でも進む。

おいしくなるポイント

長芋は加熱したほうが胃腸にやさしい。最後にすりおろした長芋をたっぷり加えると、さらにとろみがつき、食べ心地もよくなる。

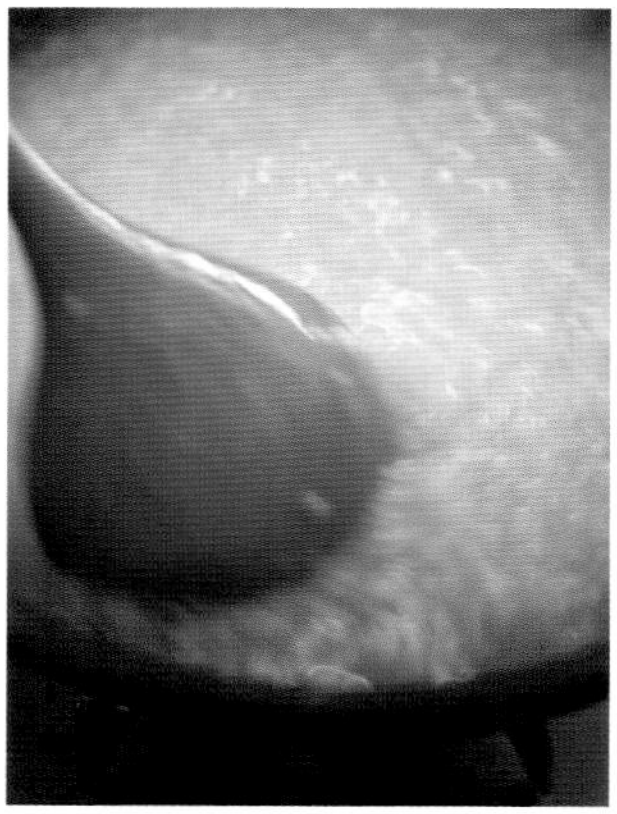

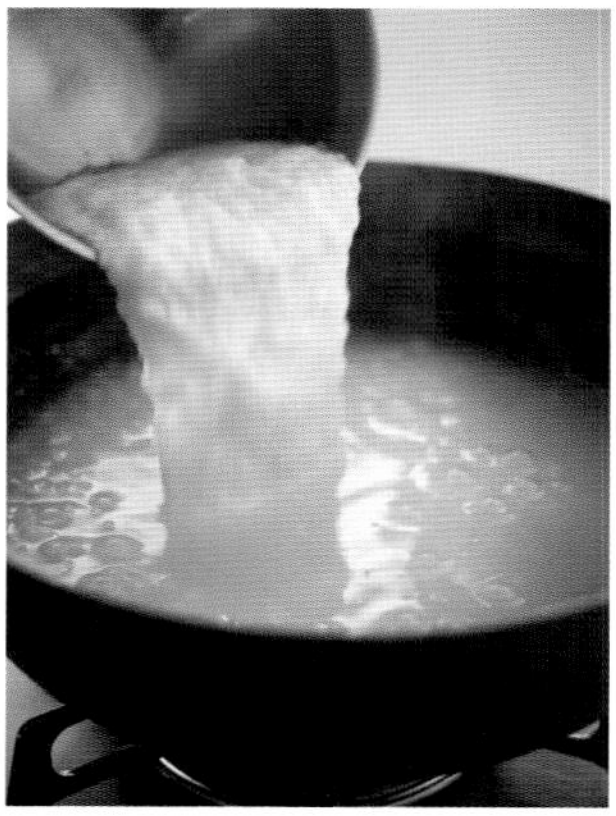

材料（2人分）
黒米……½カップ
水……5カップ
米……½カップ

［**トッピング**］
A
| 明太子……30g
| 大葉（みじん切り）……10枚
| 黒砂糖……大さじ2

作り方
1 黒米は洗って水けをきり、分量の水と一緒に鍋に入れてひと晩おく。
2 そのまま火にかけ、鍋底につかないよう底から軽く混ぜる。
3 沸騰したら弱火にして蓋をし、30分煮る。
4 米を洗って水けをきり、3に加えて混ぜ、蓋をしてさらに30分煮る。
5 Aを混ぜ合わせる。
6 器に盛り、トッピングをのせる。

お粥をもっと楽しく
黒砂糖をたっぷりかければデザートになる。好みでしょうがパウダーをトッピングしてもおいしい。

おいしくなるポイント
黒米だけだとやや重いので、白米と半量ずつにすると食べやすい。黒米はひと晩水につけ、先に30分煮てから白米を加えてさらに煮る。

夏のイライラや集中力不足に

きび粥

夏のイライラは、暑さのせいというより
ビタミン不足が原因かも。
脳に十分なエネルギーを送れなくなるので、
集中力も低下しがち。そんなときは、
ビタミンB群が豊富なきび粥を。
甘みが強く、もちもち食感が病みつきに。

材料（2人分）

きび……2/3カップ
水……5カップ

［**トッピング**］
A
　ちりめんじゃこ……50g
　酒……大さじ1
　黒酢……大さじ1
　こしょう……少々
　油……大さじ1
ミント……適量

作り方

1 きびは洗って水けをきり、分量の水と一緒に鍋に入れて火にかけ、鍋底につかないよう底から軽く混ぜる。
2 沸騰したら弱火にし、蓋をして40分煮る。
3 Aでじゃこの黒酢炒めを作る。フライパンにちりめんじゃこと油を入れて火にかけ、カリッとしたら酒、黒酢、こしょうを加えて水けがなくなるまで炒める。
4 器に2を盛り、トッピングをのせる。

おいしくなるポイント
シンプルなきび粥は、じゃこの黒酢炒めやミントをトッピングして、味や香りの変化を楽しむ。特に熱いお粥に爽やかなミントは新鮮。

秋の汁ものおかず

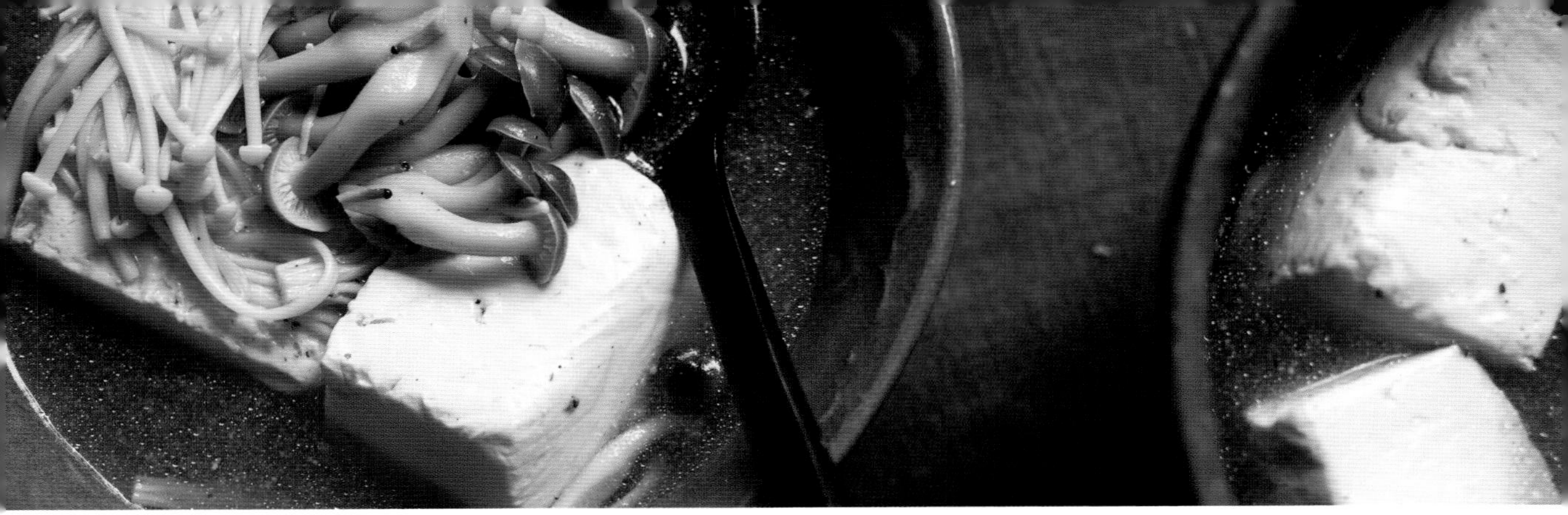

秋

秋は、夏の暑さが少しずつやわらいでくるものの、
近年は残暑が厳しく、まだまだ夏疲れを引きずっている人も。
そんな負の遺産を抱えたまま冬を迎えてしまっては、
どんなにいい栄養を摂っても、きちんと吸収はされません。

そこで秋にまずするべきことは、体の中の大掃除。
それには食物繊維が豊富でデトックス効果のあるきのこがいちばん。
腸がすっきり整い、夏疲れも吹き飛びます。

実はわが家では、秋に限らず毎日のようにきのこを食べています。
というのも、中国ではきのこのことを「食用菌」と言って、
免疫を強くすると言われているからです。
きのこはビタミン、ミネラルが豊富なのに
カロリーがほとんどないので体に負担がかかりません。
エリンギやしいたけのような大きく食べ応えのあるものは
炒めものに向いていますが、えのきだけやしめじ、なめこのような
細かくばらけやすいきのこは汁ものにして、
するっと飲むのがおすすめ。
きのこの水分がいいだしになり、きのこが飲みものになるのです。

飲みものといえば、なすもそのひとつ。
水分をたっぷりと含んだなすは、
夏野菜として欠かせないものですが、
秋なすももちろん有効。
なすはいろいろな食べ方ができますが、
体の大掃除には、蒸していただくのがいちばんです。

そうして体をすっきりきれいにしたあとは、
栄養をたっぷり蓄えたかぼちゃやさつまいもなどの芋類で、
冬に備えた体づくりを。
芋類は炭水化物ではありますが、食物繊維が豊富なので
腸の働きがよくなり、ビタミンも豊富なので風邪予防にもなります。

また、五行論によると、秋は肺の季節です。
肺を健やかな状態に保つためには、大気の乾燥から守り
潤してくれる食材が必要です。それが白い食べもの。
豆腐やカリフラワーといった白い食材は、
臓器を潤す効果が高いと言われており、
便秘や肌の乾燥からも守ってくれます。

汁もの

きのこと豆腐のスープ

おかず

かぼちゃの黒ごままぶし

汁もの

「だし」になる食材
↓ えのきだけ・しめじ

きのこと豆腐のスープ

えのきだけやしめじのように細かくばらけやすいきのこはスープにするのがおすすめです。

きのこはほとんどが水分。それがそのままだしになります。

豆腐は一丁を大きく4等分に切れば、それだけでメイン料理のたたずまい。

味つけは黒酢でさっぱりと。

材料（2人分）

絹ごし豆腐	1丁
＊えのきだけ	100 g
＊しめじ	100 g
水	3カップ
A	
黒酢	大さじ2
しょうゆ	大さじ1
塩	少々
こしょう	小さじ¼
ごま油	大さじ1

作り方

1 えのきだけ、しめじは石づきを切り落とし、小房に分ける。
2 鍋に4等分に切った豆腐、1、水を入れて中火にかけ、煮立ったら弱火にし、蓋をして10分ほど蒸し煮にする。
3 Aを加えて味を調え、ごま油を加えて香りづけをし、火を止める。

おいしくなるポイント

きのこは細かく分けすぎず、ある程度の塊のままのほうがだしがよく出て、見た目にもご馳走感がある。

おかず

かぼちゃの黒ごままぶし

黒とオレンジのコントラストが美しいひと皿は、
蒸したかぼちゃにたっぷりの黒すりごまをまぶすだけ。
シンプルな料理だからこそ、
かぼちゃの皮を全部むくひと手間が大切です。
秋になると、かぼちゃはもちろん、
じゃがいもやさつまいもでも必ず作ります。

材料（2人分）

かぼちゃ	¼個（250 g）
水	½カップ
塩	小さじ⅓
すりごま（黒）	大さじ3
油	大さじ1

作り方

1 かぼちゃは皮と種、ワタを取り除き、ひと口大に切る。

2 フライパンに油と1を入れて中火にかけ、油をなじませるようにさっと炒める。

3 水を加えて煮立ったら弱火にし、蓋をして7～8分蒸し煮にする。

4 水分がなくなり、かぼちゃが柔らかくなったら塩とすりごまを加えてからめる。

おいしくなるポイント

a_かぼちゃを炒めてから蒸し煮にする。素材の表面に油をなじませることで早く火が通り、味がよく染みて、ほくほくの食感になる。

b_水分がなくなったら、すりごまをたっぷりまぶす。白ごまでもいいが、黒ごまのほうが栄養価が高く、見た目のインパクトもある。

汁もの

わかめと大豆のスープ

おかず

ごぼう炒め

汁もの

「だし」になる食材
↓ 味噌・ごま油

わかめと大豆のスープ

わかめと大豆は食物繊維の最強の組み合わせ。
一見、お味噌汁のようですが、
最後に味噌を溶き入れるのではなく、
最初に味噌をごま油で炒めるのがポイント。
いつもの味噌汁も、手順をちょっと変えるだけで
まったく違った味わいの料理になります。

材料（2人分）

わかめ（塩蔵）……50 g
蒸し大豆（または茹で大豆）……60 g
長ねぎ（薄切り）……10cm
＊味噌……大さじ1½
水……2カップ
こしょう……少々
＊ごま油……大さじ½

作り方

1 わかめは水につけて戻し、水けをきってひと口大に切る。
2 鍋にごま油と長ねぎを入れて中火にかけ、香りが出たら味噌を入れて炒める。
3 2に水を加え、煮立ったら大豆を加えて蓋をし、弱火で5分蒸し煮にする。
4 3に1のわかめを加えてさっと煮て、こしょうで味を調える。

おいしくなるポイント

先に味噌を炒めて香ばしさと旨みを引き出す。長ねぎを加えることで風味もさらにアップ。あとは水を加えるだけでおいしいスープに。

おかず

ごぼう炒め

麺棒でたたいたごぼうは、
不ぞろいだからこそ味が濃かったり薄かったり、
硬かったり柔らかかったり。ひと皿の中に
さまざまな味わいや食感が生まれるのが楽しい。
最近のごぼうはアクが少ないので、
たたいたあと、水にさらす必要はありません。

材料（2人分）

ごぼう	1本
酒	大さじ2
水	½カップ
こしょう（粗びき）	小さじ¼
塩	小さじ¼
ごま油	小さじ1
油	小さじ1

作り方

1 ごぼうの皮を包丁の背などで薄くこそげて長さを2～3等分に切る。厚手のポリ袋に入れて麺棒などでたたき、3cm長さに切る。
2 フライパンにごま油と油を入れて火にかけ、1を加えて油をなじませるように炒める。
3 2に酒、水、こしょうを入れ、煮立ったら蓋をして弱火で12分蒸し煮にする。
4 塩で味を調える。

おいしくなるポイント

ごぼうを麺棒などでたたき、繊維をバラバラにしてから炒め煮にすると、香りのよさとふっくらとした食感がいっそう際立つ。

汁もの

さつまいもと豚ひき肉のスープ

おかず

にんじんの白和え

豆腐を和え衣にする白和えは、野菜とタンパク質が同時に摂れる優秀なおかずです。豆腐は軽くつぶしてざるに入れてひと晩おけば、ちょうどいい具合に水きりができ、にんじんもスライサーでせん切りにすれば簡単。マスタードの代わりにわさびやからしでも。

材料（2人分）

絹ごし豆腐……1丁（300 g）
にんじん……1本
A
　練りごま（白）……大さじ1½
　マスタード……大さじ1
　塩……小さじ⅓

作り方

1 ざるに豆腐を入れ、軽くつぶして冷蔵庫にひと晩おく。
2 にんじんは皮をむいてスライサーなどでせん切りにし、熱湯をかけて水けをきる。
3 ボウルにAを入れて混ぜ合わせ、1を加えてよく混ぜる。
4 2の水けを軽くしぼり、3に加えて和える。

おいしくなるポイント

にんじんのせん切りは、熱湯をかけてくさみを取り、水けをしぼってから白和え衣に加える。菜箸でほぐしながらよく和えて。

汁もの

カリフラワーと鶏団子のスープ

おかず

蒸しなす

汁もの

「だし」になる食材
↓ カリフラワー

カリフラワーと鶏団子のスープ

わが家の鶏団子はハンバーグと同じ感覚で1人1個の大きな塊です。丸める手間がかからず、簡単なのにご馳走感があり、肉汁が逃げないので、食感もふんわり柔らか。お年寄りでも子どもでも食べやすい。

材料（2人分）

- ＊カリフラワー……1個（大きければ½個）
- 鶏ひき肉……200 g
- A
  - こしょう……少々
  - 酒……大さじ1
  - しょうが（みじん切り）……1片
  - 長ねぎ（みじん切り）……10cm
  - しょうゆ……大さじ½
  - 塩……小さじ¼
  - パン粉……20 g
  - ごま油……小さじ1
- 酒……½カップ
- 水……1½カップ
- 塩……少々
- こしょう……少々

作り方

1 カリフラワーは4等分のくし形に切る（芯を生かす）。

2 ボウルに鶏ひき肉を入れ、Aを上から順に加えてその都度混ぜ、2等分してそれぞれ丸める。

3 鍋に酒、水を入れて中火にかけ、煮立ったら2の鶏団子を入れる。

4 鶏団子の表面の色が変わったら1を加えて弱火にし、蓋をして15分蒸し煮にする。塩、こしょうで味を調える。

おいしくなるポイント

カリフラワーの茎にはほんのりした甘みと旨みがあり、いいだしが出る。茎を生かし、鶏団子に合わせて大きく切って蒸し煮にする。

切りやせん切りはピーラーやスライサーにお任せしています。キャベツや大根、にんじんをせん切りにして蒸し煮にすると火の通りも早く、たっぷり食べられるのでおすすめですが、手切りとなると一気にハードルが上がります。であれば、スライサーに頼ればいいのです。早くて簡単できれいに仕上がり、そのうえ自分も疲れません。切れ味が悪くなれば、気軽に買い替えられる価格であることもポイント。道具は一生ものではありません。ストレスなくスムーズに、気持ちよく使えることが何より大事です。

料理のほとんどを菜箸で済ませているので、手頃な価格で使いやすいものをまとめ買いしています。肉を焼くのも、野菜を炒めるのも、白和えを混ぜるのも、サラダを盛りつけるのも、すべて菜箸。菜箸が指の延長としてもっとも使いやすいですから。使い心地のよさというのは、実は清潔感とも深く関係しています。いつも新しいものを気持ちよく使いたいので、料理をするたびに菜箸を取り替え、焦げたらすぐに新しいものをおろします。

ガラス製の保存容器は、色や臭いがつかないので清潔ですし、中が見えるので、下ごしらえしたものを食べそびれる心配もありません。

フライパン

中華鍋のように深さのある「ウー・ウェンパンプラス」は、炒めものはもちろん、煮ものや蒸しものにも使えるスグレモノ。蓋がひとり立ちできるのもいい。1〜3人分なら24cmで。

菜箸

「無印良品」の長さ23cmの竹箸。調理にも取り箸にも使いやすく、四角いので転がらないのもいい。まとめ買いして何セットか立てておき、調理中はどんどん取り替える。

ピーラー・スライサー

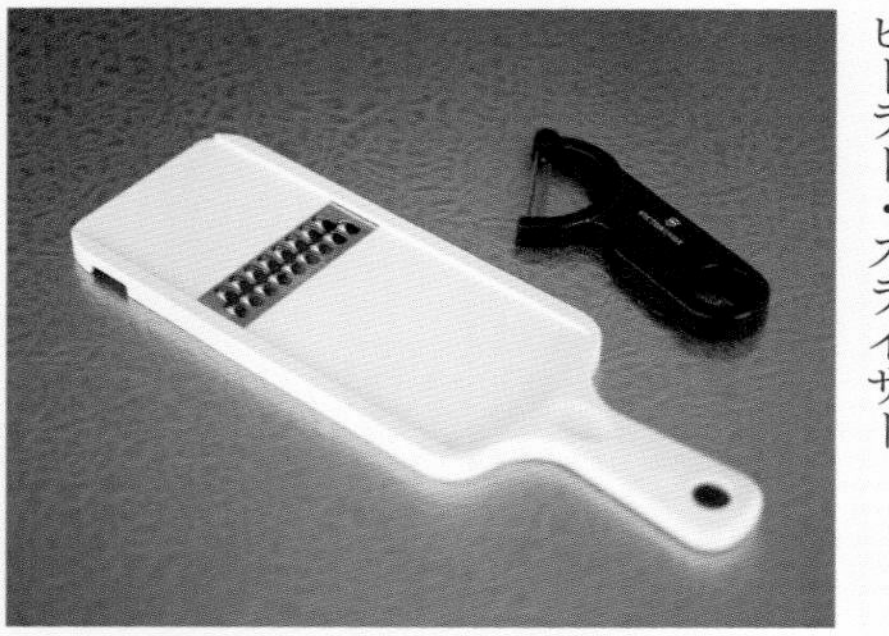

斜めについた刃の角度が絶妙な「ビクトリノックス」のピーラー。持ち手にくぼみがあるので持ちやすく、力も入れやすい。せん切りに欠かせないスライサーは「貝印」。

保存容器

「WMF」のトップサーブは、ガラス製なので臭いや味うつりせず、衛生的で手入れも簡単。蓋のバルブを押し下げると真空状態になるので、食材の鮮度と香りもフレッシュなまま。

※写真のアイテムは、すべて私物です。店頭にない場合もあります。ご了承下さい。

冬の汁ものおかず

また、腎（臓）は肺で吸い込んだ気を、
丹田に納める働きもあり、
秋の臓器でもある肺と密接に結びついています。
冬もまだまだ乾燥する季節ですから、
秋から引き続き、カリフラワーやれんこん、大根、
ねぎなどの白い食材もぜひ。

冬は白い野菜がますますおいしくなってきます。
スープや炒めもの、そして鍋でたくさんいただきましょう。

温かいものを食べ、体を冷やさないことが何より大事。
私が育った北京は、中国の北部に位置しますから、
冬はとにかく寒い。

なので、体を温め、基礎代謝を高める羊肉も
欠かせない食材でした。
日本ではジンギスカンがおなじみかもしれませんが、
炒めものや煮込みなど、さまざまな調理法でいただきます。

汁もの

れんこんのすりおろしスープ

おかず

蒸し魚の豆豉ソース

脂が少ない白身魚は、長時間蒸すと
身がパサパサになってしまうので、蒸す時間は短く。
火を止めたあとは、
そのまましばらくおいて余熱で火入れ。
蒸気をたっぷり含んで
しっとりふっくら仕上がります。

材料（2人分）

白身魚（サワラ）……2切れ

A

- こしょう……少々
- 塩……小さじ¼
- 酒……大さじ½

上新粉……大さじ1

B

- 豆豉……15g
- しょうが（みじん切り）……1片
- 長ねぎ（みじん切り）……10cm
- 酒……大さじ4
- 黒酢……大さじ1
- しょうゆ……大さじ1
- はちみつ……大さじ½
- 油……大さじ1

作り方

1 白身魚はひと口大に切り、Aで下味をつけて10分ほどおく。蒸す直前に上新粉をまぶす。

2 蒸気の上がった蒸し器に1を並べ、強火で2分、弱火で2分蒸す。火を止め、そのまま5分おく。

3 フライパンにBの材料を入れて中火にかけ、煮立ったら弱火で2分煮詰める。

4 蒸し上がった2を器に盛り、3のソースをかける。

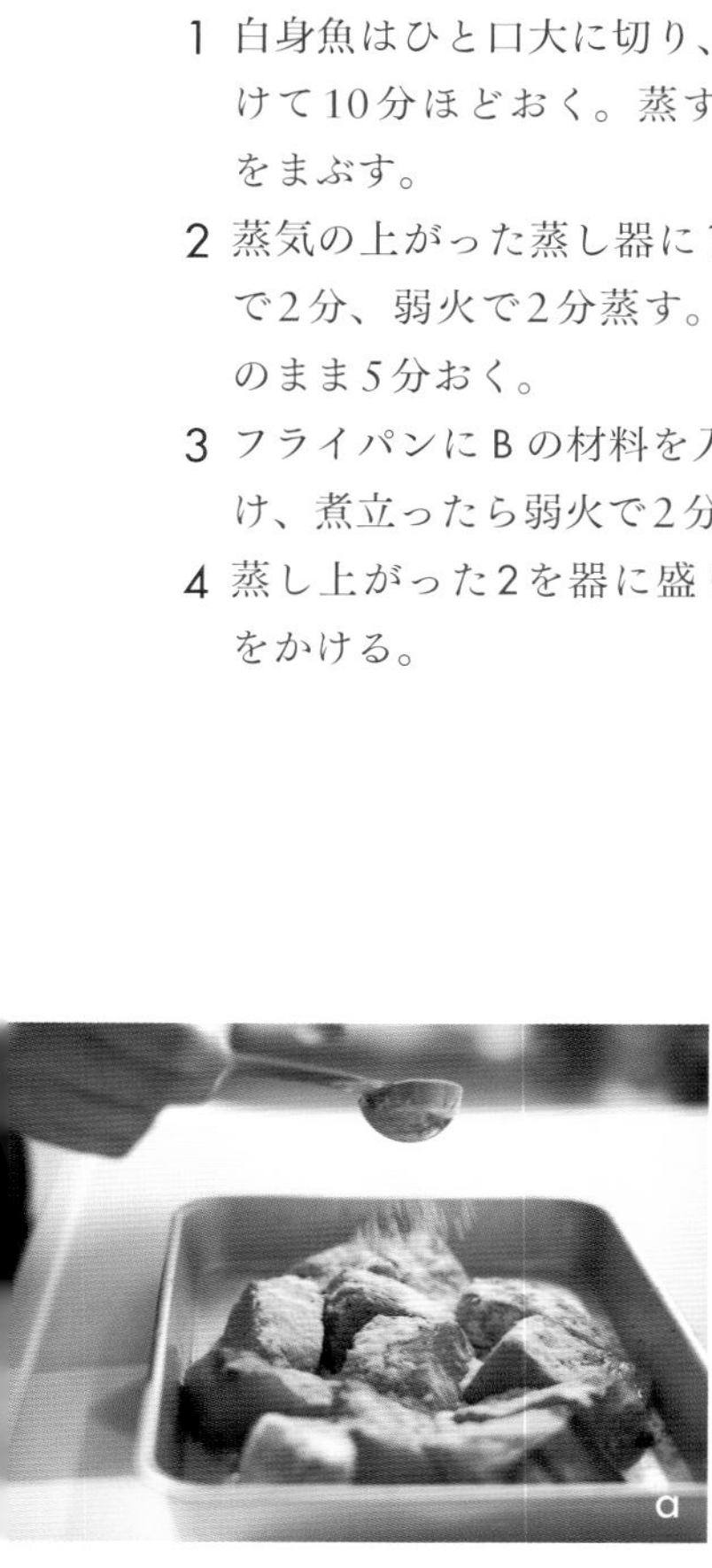

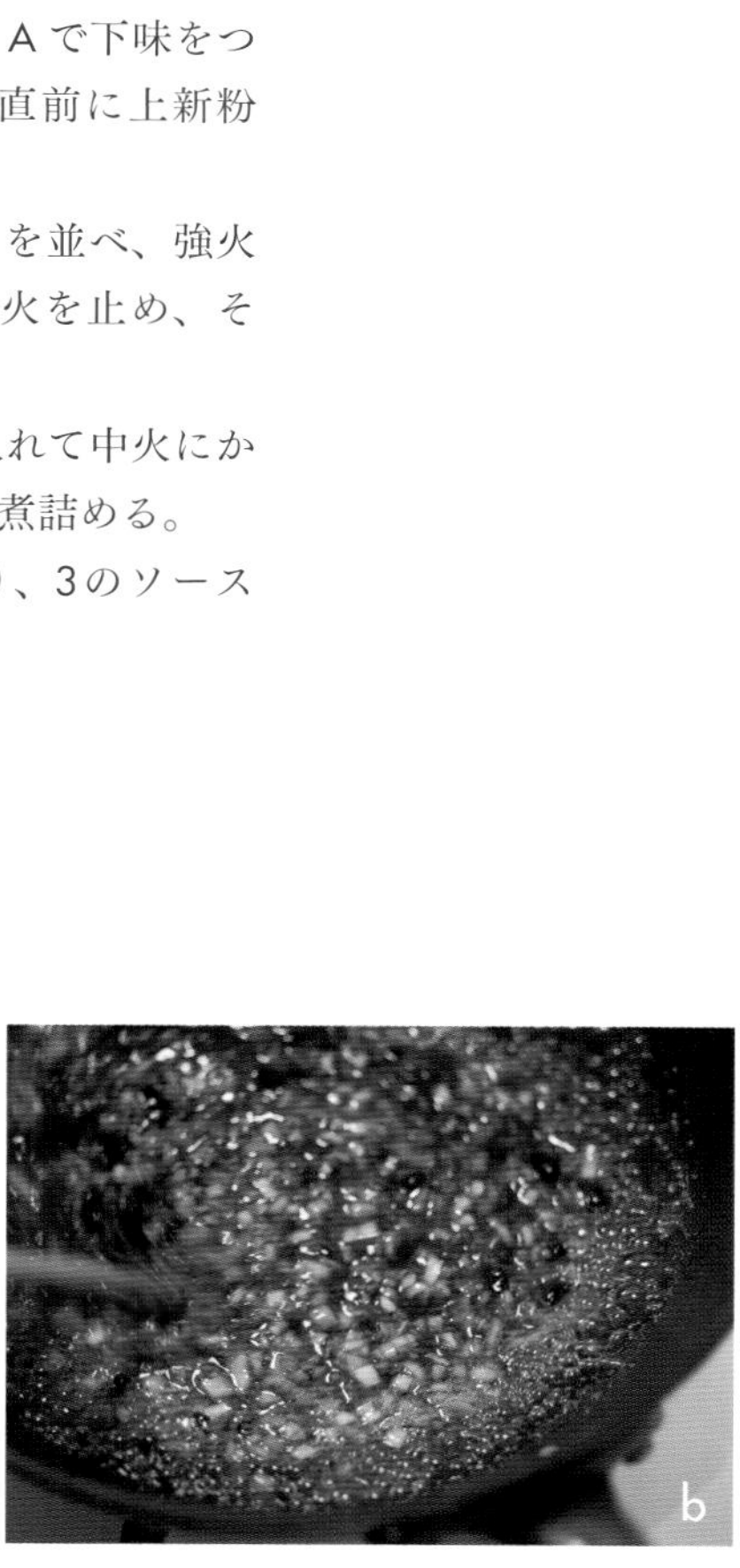

おいしくなるポイント

a_魚に下味をつけたあと、蒸す直前に上新粉を薄くまんべんなくまぶす。魚の水分を閉じ込め、口当たりもつるんとなめらかになる。

b_豆豉ソースで黒い素材をプラス。豆豉を煮詰めると旨みがぐんと際立ち、少量でも満足感が出る。

豆乳スープアレンジ

「だし」になる食材
→ カリフラワー・豆乳

カリフラワーと豆乳のスープ

カリフラワーを丸ごと豆乳で蒸し煮にするだけ。
大豆の香り、コクと風味に加えて
カリフラワーからも旨みが出るので、
ほんの少し塩をするだけで
おいしいスープのでき上がり。
仕上げにこしょうで味を引き締めます。

材料（2人分）

- ＊カリフラワー……1個
- ＊豆乳……3カップ
- 水……1カップ
- 塩……小さじ⅓
- こしょう（白こしょうでも）……少々

作り方

1 カリフラワーの芯に切り込みを入れる。
2 鍋に豆乳、水、1を入れて中火にかけ、煮立ったら弱火にし、蓋をして蒸し煮にする。
3 カリフラワーが柔らかくなったら塩、こしょうで味を調える。
4 スプーンの背でカリフラワーをつぶしてほぐし、器に盛る。

おいしくなるポイント

スプーンの背で押さえると、ほろほろくずれるくらい柔らかく煮る。カリフラワーがとろけるような食感になり、甘みも強く感じられる。

汁もの

焼きねぎとのりのスープ

おかず

黒酢酢豚

汁もの

「だし」になる食材
↓長ねぎ

焼きねぎとのりのスープ

焦げ目がつくまでじっくり焼いた
長ねぎの香ばしさと甘みを
しょうゆのコクと黒酢の酸味が引き立てます。
さっぱりとしたスープに
のりの旨みと磯の香りが加わり、
よりいっそう奥行きのある味わいに。

材料（2人分）

＊長ねぎ	1本
焼きのり	適量
しょうゆ	大さじ1
黒酢	大さじ1
水	1½カップ
塩	ひとつまみ
こしょう	少々
油	大さじ½

作り方

1 長ねぎは2cm厚さの斜め切りにする。
2 鍋に油、1を入れて中火にかける。長ねぎに焦げ目がついてきたら、しょうゆ、黒酢を加えて香りを立たせ、水を加える。
3 2が煮立ったら、さらに2分煮て、塩、こしょうで味を調える。
4 火を止め、焼きのりを切って添える。

おいしくなるポイント

a_長ねぎは、断面が大きくなる斜め切りにすると風味が際立つ。厚く切って、具としての存在感も。
b_長ねぎを火にかけたら絶対触らないこと。焦げ目がつくまで焼き、香ばしさと甘みを引き出す。

おかず

黒酢酢豚

黒酢を効かせた艶やかな酢豚は、
野菜が入った広東風とは違って
シンプルに豚肉だけを味わう北京風。
下味をしっかりつけ、
片栗粉で旨みを閉じ込めるのがポイント。
コクのある甘酸っぱさが食欲をそそります。

材料（2～3人分）

豚肩ロース塊肉……300 g
A
　酒……大さじ1
　塩……小さじ¼
　こしょう……少々
片栗粉……小さじ1
B
　黒酢……大さじ2
　はちみつ……大さじ1
　しょうゆ……大さじ½
　こしょう……少々
揚げ油……適量（1カップ程度）

作り方

1 豚肉はひと口大に切り、Aで下味をつけて30分ほどおく。
2 1に片栗粉をまぶし、180℃に熱した揚げ油に入れ、カリッと火が通るまで3分ほど揚げて油をきる。
3 フライパンにBを合わせ入れて火にかけ、煮立ったら2を入れてからめる。

汁もの

小松菜とじゃこのスープ

おかず

ラム肉とねぎ炒め

汁もの

「だし」になる食材
↓長ねぎ・ちりめんじゃこ

小松菜とじゃこのスープ

長ねぎとちりめんじゃこから
いいだしが出るので、昆布や鰹節のだしは不要。
たっぷり作って、おいておくと
おいしくなるスープもありますが、
小松菜のスープは食べる分だけ作って、
できたてをいただきます。

材料（2人分）

小松菜	1束
*長ねぎ	10cm
*ちりめんじゃこ	30g
黒酢	小さじ1
酒	大さじ1
水	2カップ
塩	小さじ⅓
油	大さじ1

作り方

1 小松菜は2cm長さに切る。長ねぎは斜め薄切りにする。

2 フライパンに油と長ねぎを入れて中火にかけ、香りが出てきたらちりめんじゃこを加えて炒め合わせる。油がなじんだら、黒酢、酒を加えてからめ、水を加える。

3 2が煮立ったら蓋をして弱火で7～8分蒸し煮にする。

4 小松菜を加えてさっと煮て、塩で味を調える。

おいしくなるポイント

a_長ねぎとちりめんじゃこを黒酢で炒め、香り、旨み、コクを引き出す。ちりめんじゃこに塩けがあるので、塩分を抑えつつ、カルシウムを補う効果も。
b_水を加えて、煮立ったら弱火にして蒸し煮にする。

おかず

ラム肉とねぎ炒め

ラム肉はしっかり下茹ですることで、
余計な脂が落ち、独特の臭いもなくなります。
片栗粉をまぶしてから炒めれば
柔らかくしっとりとした仕上がりに。
ほどよくとろみもつき、
長ねぎの甘みや香りと相まって、ごはんが進みます。

材料（2人分）

ラム肉（焼肉用）……200 g

A
- 塩……ひとつまみ
- こしょう……少々
- 片栗粉……小さじ½

長ねぎ……1本

香菜……1本

B
- しょうゆ……大さじ1
- 黒酢……大さじ½
- こしょう……少々
- 塩……ひとつまみ

油……大さじ½

作り方

1 ラム肉はしっかり茹でて水けをきり、Aを上から順に加えて下味をつけておく。

2 長ねぎは斜め薄切り、香菜は3cm長さに切る。

3 フライパンに油を入れて中火にかけ、1を入れて油をなじませるように炒める。油がなじんだら、混ぜ合わせておいたBを加えて調味する。水分がなくなったら長ねぎを加える。

4 さっと炒め合わせ、火を止めてから香菜を加えて、全体を混ぜる。

おいしくなるポイント

a_長ねぎの風味を生かしたいので、断面が大きくなる斜め切りで、味のからみがよくなるよう薄切りに。

b_下茹でをして、下味をつけたラム肉をしっかり炒め、油がなじんだら合わせ調味料をからめる。調味料はあらかじめ合わせておくこと。

汁もの

大根のせん切り白ごまスープ

おかず

塩麴蒸し鶏

汁もの

「だし」になる食材
↓ 練りごま(白)

大根のせん切り白ごまスープ

白ごまのコクと大根のやさしい甘みが好相性。
細長い大根のせん切りは、
スライサーを使えばあっという間。
すぐに火が通ってしんなりするので
麺のようにするする食べられます。
油揚げや厚揚げをプラスしてもおいしい。

材料（2人分）

大根……400ｇ
＊練りごま(白)……大さじ2
水……2カップ
塩……小さじ1/3
こしょう……少々

作り方

1 大根の皮を薄くむき、長さを生かしてスライサーでせん切りにする。
2 鍋に練りごま、水を入れて中火にかけ、煮立ったら1を加える。
3 煮立ったら蓋をして5分蒸し煮にし、塩、こしょうで味を調える。

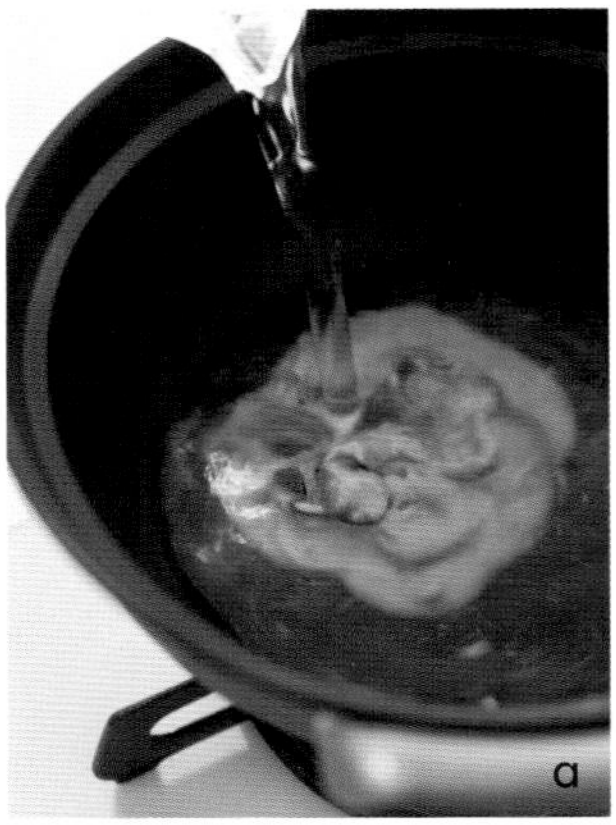

a

b

おいしくなるポイント

a_鍋に練りごまと水を入れて中火にかけ、練りごまを溶かす。
b_せん切りにした大根をどっさりのせ、蓋をして蒸し煮にする。

【納豆ソース】

材料と作り方（作りやすい分量）

納豆1パック（40ｇ）、豆板醤小さじ1、香菜（みじん切り）2本、ミント適量、みょうが（小口切り）2個、ごま油 大さじ½

⇒すべての材料を混ぜ合わせる。

【豆豉ソース】

材料と作り方（作りやすい分量）

豆豉15ｇ、しょうが（みじん切り）1片、長ねぎ（みじん切り）10cm、酒大さじ4、黒酢大さじ1、しょうゆ大さじ1、はちみつ大さじ½、油大さじ1

⇒フライパンにすべての材料を入れて火にかけ、煮立ったら弱火にして2分煮詰める。

1.5人鍋

「だし」になる食材
↓干ししいたけ

湯豆腐

干ししいたけは、だしにも具にもなり一石二鳥。
昆布や鰹節のような華やかさはないものの、
厚みのある香りと味が
豆腐のおいしさを引き立てます。
ソースは豆つながりで2種類用意すれば、
飽きずに食べられて満足感もあります。

材料（2人分）

絹ごし豆腐……1丁
＊干ししいたけ……4枚
水……2カップ

作り方

1 干ししいたけは水（分量外）にひと晩浸して戻し、薄切りにする。
2 鍋に水と1を入れて火にかけ、沸騰したら弱火にし、蓋をして10分煮る。
3 ひと口大に切った絹ごし豆腐を加え、ひと煮立ちしたら火を止める。

1.5人鍋

「だし」になる食材
↓ 豚肉、白菜

豚肉と白菜の鍋

せん切りにした白菜を水と酒でしばらく煮ると、旨みと甘みが染み出し、さらに豚肉の旨みも加わるのでだしいらず。豚肉を霜降りにしてから加えると、風味が逃げず、スープもクリアなまま。からしソースでアクセントを。

おいしくなるポイント

豚肉は、下茹ですることによってアクを取る時間と手間が省け、おいしいだしになる。

材料（2人分）

- ＊豚薄切り肉（ロース）……200 g
- ＊白菜……250 g
- しょうが（せん切り）……1片
- 酒……1カップ
- 水……2カップ

作り方

1. 沸騰した湯に豚肉を入れてさっと茹でて水けをきる（霜降りする）。白菜はせん切りにする。
2. 鍋にしょうが、酒、水を入れて火にかけ、沸騰したら白菜を入れて蓋をして10分煮る。
3. 豚肉を2に加えてひと煮立ちさせる。

【からしソース】

材料と作り方（作りやすい分量）

練りからし大さじ1、練りごま（白）大さじ1、しょうゆ大さじ1½、黒酢大さじ1

⇒すべての材料を混ぜ合わせる。

1.5人鍋

「だし」になる食材
↓
鶏手羽先

鶏手羽先とにんじんの鍋

蓋を開けた瞬間、蒸気をまとってしっとりした
せん切りにんじんの鮮やかさと香りに歓声が上がります。
鶏手羽先のスープは旨みもコラーゲンも
たっぷりですが、後味は意外にすっきり。
にんじんの甘みには酸味が合うので
塩レモンをトッピングして、
サラダ感覚でさっぱりといただきます。

材料（2人分）

*鶏手羽先	4本
にんじん	2本
酒	大さじ1
黒粒こしょう	10粒
水	3カップ

作り方

1 沸騰した湯に鶏手羽先を入れてさっと茹で、水けをきる。
2 鍋に1、酒、黒粒こしょう、水を入れて強火にかけ、沸騰したら弱火にして蓋をし、30分煮る。
3 にんじんのヘタを除き、皮をむいてスライサーなどでせん切りにする。2に加えて蓋をしてさっと煮る。

おいしくなるポイント

鶏手羽先も豚肉同様、沸騰した湯で下茹でをして、しっかり水けをきる。ここでアクを出しておけば、あとに残るのは鶏の旨みだけ。

【塩レモン】

材料と作り方（作りやすい分量）

レモン½個、塩小さじ1、ごま油大さじ1

⇒レモンを輪切りにしてからせん切りにし、塩、ごま油を加えて混ぜる。

1.5人鍋

タラと水菜の四川風鍋

「だし」になる食材
↓ごま油、豆豉、粗びき唐辛子

豆豉と韓国産粗びき唐辛子、花椒粉さえあれば、本格四川料理さながらの香りと辛さ、しびれが実現。見た目はかなり刺激的ですが、味は意外にさっぱり。魚の鍋の基本は、霜降りしてくさみを取り、上新粉をまぶして旨みを閉じ込めること。舌触りもつるんとなめらかになります。

おいしくなるポイント

豆豉は黒豆の発酵調味料、粗びき唐辛子は乾燥野菜。油で炒めると香りと旨みが引き出され、水を加えるだけでだしになる。粗びき唐辛子は、日本の一味唐辛子だと辛みが立ちすぎるので、韓国産を。

材料（2人分）

タラ（切り身）……2切れ
上新粉……大さじ½
水菜……1束
＊豆豉……10 g
＊粗びき唐辛子……大さじ2
酒……大さじ2
しょうゆ……大さじ1½
水……2½カップ
花椒粉……小さじ1
＊ごま油……大さじ1½

作り方

1 タラは大きめのひと口大に切り、ざるに並べて熱湯をかけ、水けをきって上新粉をまぶす。水菜は3cm長さに切る。
2 鍋にごま油と刻んだ豆豉を入れて中火にかけ、香りが出たら粗びき唐辛子を加える。さらに香りが出てきたら、酒、しょうゆ、水を加えて中火にし、沸騰したらタラを入れて2分煮る。
3 花椒粉をふり、水菜を加えて火を止める。

【 締めの担々麺 】

練りごま（白）を鍋のスープで溶き、中華麺を和えるだけ。スープにタラの旨みも溶け込んでいるので、具や薬味がなくても、シンプルにこれだけでおいしい。締めを食べるために、この鍋を作りたくなる。

材料と作り方（作りやすい分量）

中華麺1袋（120～150g）、練りごま（白）大さじ2

⇒沸騰したたっぷりの湯で中華麺を茹で、水けをきる。練りごま（白）を入れた器に鍋のスープを加えて溶かし、麺を加える。

1.5人鍋

「だし」になる食材
↓ブリ・長ねぎ

ブリと白髪ねぎの鍋

毎冬、わが家では富山から氷見の寒ブリを丸ごと取り寄せて〝ブリ会〟をするのが定番。脂がたっぷりのった腹身は薄く切ってブリしゃぶに、肉厚の背身はひと口大に切って、旨みをスープに煮出しつつ具としていただきます。タレには旨みが濃厚な〝なんちゃって〟XO醤油を。

材料（2人分）

- ＊ブリ（切り身）……2切れ
- 上新粉……大さじ1
- ＊長ねぎ……2本
- 酒……大さじ2
- 水……2カップ
- こしょう……大さじ¼

作り方

1 ブリは大きめのひと口大に切り、ざるに並べて熱湯をかけ、水けをきって上新粉をまぶす。長ねぎは白髪ねぎにして水にさらし、水けをきる。

2 鍋に酒、水、こしょう、長ねぎの芯の部分を入れて火にかけ、沸騰したらブリを入れて3分煮る。

3 白髪ねぎをのせて火を止め、蓋をして蒸らす。

おいしくなるポイント

白髪ねぎにした残りの芯の部分は、酒、水、こしょうと一緒に鍋に入れて煮ると、香りと甘みが出てだしになり、そのうえ具にもなる。

【なんちゃってXO醤】

材料と作り方（作りやすい分量）

干しエビ20ｇ、油大さじ3、酒½カップ、豆板醤大さじ½、オイスターソース大さじ3、こしょう少々

⇒干しエビは水（分量外）にひと晩漬けて戻し、水けをきって粗く刻む。フライパンに油と干しエビを入れて中火にかけ、香りが出てきたら酒を加える。沸騰したら弱火にして蓋をし、10分煮る。豆板醤、オイスターソースを加えて混ぜ、こしょうで香りづけをする。

おわりに

この一年半、新型コロナウイルスの世界的な感染拡大によって、
自宅で過ごす時間が増えました。

毎日家でごはんを食べているせいか、体調がよくなった、元気になったという人も多いのでは？

豪華なものでなくていい。毎日ちゃんとしたものを自分で作って食べる。

そんな当たり前のことが、健やかな体と心を育んでくれる。

コロナ禍は、家庭料理の底力を実感するきっかけになったはず。

では、〝ちゃんとしたもの〟とは何でしょう？
それは、そのときどきで自分の体が欲しがっているもの、自分の体が喜ぶものです。
私は毎日スーパーマーケットに買い物に行きます。
スーパーマーケットに行けば、今が旬の素材が何で、
自分が何を食べたがっているかがわかります。

実は、中国には「旬」という考え方がありません。
というのも、旧暦の二十四節気七十二候をベースに生活しているからです。
二十四節気は夏至・冬至・春分・秋分を軸として、
立春・立夏・立秋・立冬を加えた八節を３分割したもの。
その二十四節気をさらに３つに分けたものが七十二候ですから、
一年３６５日を72で割った、約５日ごとに季節が変わります。
つまり、毎日何かしらの食材が旬を迎えているのです。

春夏秋冬というと一年ですが、実は一日の中にも春夏秋冬があります。
春は朝、夏は昼間、秋は夕方から夜、冬は夜。
さらにいえば、一日24時間の中に二十四節気七十二候があるのです。
人間の体は自然の一部。体も刻々と変化していて、変わるのが当たり前。
そのときどきの体調に合わせ、
楽しく生活していくことがもっともストレスがありません。
体調が変われば、当然食べたいものも変わります。
極端なことを言えば、今日のトマトと明日のトマトは違います。
食材は一期一会。常に目の前の素材と向き合い、
自分の体と向き合い、できる限りシンプルに。
それがいちばん健康的でおいしいということ。

自分の健康、自分の暮らし、自分の幸せは、
誰に頼るのでもなく、自分で守るしかありません。
これから先、どんな未知のウイルスが出てくるかわかりません。
だからこそ、ちゃんとしたものを食べて健康でいることが大事。
一食一食を大切に。
とはいえ、がんばって何品も作らなくてもいい。豪華でなくていい。
今ある季節のものを、体に必要な分だけ食べる。
シンプルな汁ものとおかずがあれば、もう十分なのです。

２０２１年10月　ウー・ウェン

ウー・ウェン

中国・北京生まれ。1990年に来日。料理上手な母から受け継いだ料理が評判となり、料理研究家となる。97年よりウー・ウェンクッキングサロンを開設。中国の暮らしと食文化を伝えている。少ない材料や調味料、道具で作れる、医食同源の知恵が詰まったシンプルな料理が人気。時代に合わせてレシピも進化。近著に『ウー・ウェンの100gで作る北京小麦粉料理』（高橋書店）『料理の意味とその手立て』（タブレ）『これでいいウー・ウェンのありのままの一皿』（婦人之友社）などがある。クッキングサロンのお知らせや、ふとした日常を綴ったInstagramも好評。

@wuwen_cookingsalon
https://cookingsalon.jp/

STAFF

撮影／邑口京一郎
スタイリング／駒井京子
装丁・デザイン／福間優子
取材・文／和田紀子
編集／松本朋子

HERS BOOKS
ウー・ウェンさんちの
汁ものとおかず

2021年10月20日初版1刷発行

著　者　ウー・ウェン
発行者　爲田 敬
発行所　株式会社 光文社
〒112-8011
東京都文京区音羽1-16-6
☎03-5395-8234（編集部）
☎03-5395-8116（書籍販売部）
☎03-5395-8125（業務部）
印刷・製本　共同印刷株式会社

この本を読んでのご意見・ご感想をお聞かせください。
hers-web@kobunsha.com

ISBN978-4-334-95271-6